Cuaderno de l’Empordà

JOSÉ FÉLIX LEÓN

Cuaderno de l'Empordà

Jardines invisibles

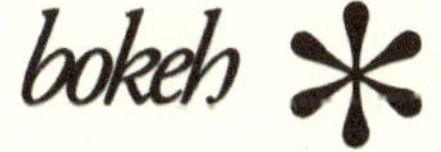

Gainesville, Fl
www.bokehpress.com

ISBN 978-1-966932-18-5

Bokeh es un sello editorial asociado a Almenara Press

Y si es cierto que los hemisferios cerebrales se desarrollaron a partir del antiguo bulbo olfativo, tal vez el hedor, la fetidez metafísica, el tufo de las axilas del tiempo, el olor acre a trapos de cocina que precede al éxtasis o el olor a berros que despide la locura sean nuestros pensamientos más profundos.

Mircea Cărtărescu

1.
Las (palmas) canas

San Antonio

Por El Cabo andará
la sombra de su ardiente y desmedida hora:
una fila de luces contra el horizonte
—casi ya en Yucatán—
su sonrisa perfecta, dientes
que mordían mis plantas y mis dedos,
la poesía misma
recipiente de los días y noches de verano
en Las Tumbas
cuando nadie entraba ya a la playa
estrellada y nocturna
pasto de picúas y otros peces luminosos
en la sinfonía atómica de su cuerpo perfecto
tan solo comparable a mi cuerpo de entonces.
Allá en lo alto
tal vez mundos helados
contengan su figura
que dispersan supernovas y eventos estelares
infinitos del amor que fue,
sobre el crucero griego hundido entre las rocas
cuando ni yo sabía qué pasaba
y el mundo eran los ojos de los cangrejos
y los tábanos contra su mano
en la ventana
de una guagua Girón.

Cortina rompevientos

Conseguir un pase
fue una empresa delicada
en aquel colegio antiguo que llamaron La Beca,
cerca de la frontera con los pinos
y el salvaje monte.
Él urdía una trampa,
me empujó a escapar sobre la cerca
una noche de luna y olor a limones salvajes.
Un pase, habría dicho,
que conseguí por ti,
antes de enredarme, maldito,
en aquellos herbazales
con insectos luminosos
y la mancha siniestra de una vaca,
antes de sacar sobre mis hombros
la camisa azul del uniforme
y echarme a la represa
su energía planetaria perfecta y olorosa
a guayabas y pasillos aéreos a la vuelta
en medio del silencio del pase falseado:
mira cómo se mecen allá lejos
los pinos de la cortina
en su eterno crepitar.

Diesel

[...] se apagaban las luces y los amantes muertos.
Anna Ajmátova

Con la colonia atada
a la absurda vaina de su voz
me habló —cuando esperábamos
un tren cierta noche en la isla—
de los fantasmas marinos
y espantos que poblaron su casa.
Ahora reposa en algún sitio
entre Consolación y San Cristóbal,
pueblos católicos que vieron ir y venir
su gorra oscura en los días soleados y de invierno.

Por los potreros,
hierbazales purísimos y sembrados de anón,
en las presas donde habitan
la claria y el sofí,
en los panales tibios me lo encuentro.

Algo de su antigua libertad en la flor de tabaco,
las amapolas salvajes y el romerillo,
doble la imagen del torso
desnudo sobre la tierra como una procesión.

Y ahora sé que ha muerto.
Y ahora sé que no estará por esos campos
el perfume atado al cuello de mi dios.

La Coloma

Mi mano izquierda
corta el corazón del pez,
todo el yodo de las playas del sur
goteaba entre su boca
y el tablón del muelle carcomido de sal
y oleajes infinitos.
La ciénaga cantó
su canción de guerra con los pájaros tres veces, viento lunar
que desgreñó las palmas canas y el mangle,
viento que emergió de la corriente de los cayos
y zarandeó techos de guano y ropa
compuesta en tendedores nocturnos,
escenas del amor que fue.
Un halo a pescado frito y lima
entre los plátanos del fondo, racimos de langostas
atados a la compacta estructura
de barcos marisqueros y gritos casi humanos de manatíes.
Esos peces de escamas como piedras
que solían llegar a la desembocadura del arroyo
con sus bocas cerradas y voraces:
Manjuarí, animal tremendo y antiguo.
Sobre la playa
hipocampos.

Catálogo de las piedras

Mira cómo sostiene
las palomas de San Juan.
Mármol veteado, mármol verde,
plantaciones de cítricos y el deseo en el aire
cargado de un aroma antiguo de la infancia,
cierta cruz enterrada en San Antonio,
la furnia donde pescamos langostas,
la belleza negra de los cuerpos
desde entonces oculta por la densidad de las palabras.
Mármol del Pentélico,
el rostro de Alejandro,
la estatua que emergió de las profundidades,
la lápida de mármol que ocultará tu cuerpo
cuando ya no sean suficientes
esas mismas palabras.

Mel

para Carlos Pintado

Ah, que se agitara alguien detrás de mí en aquella oscuridad y fuera el enviado de la diosa, novio-novia de la diosa como en un poema de Heaney. Dos cuáqueros en busca del instante: el instante no vive, es un tóxico. Dos soles, dos manzanas prístinas sobre una mesa blanca. Que alguien se acercara para decir su nombre y yo lo recordara mutilado, a punto de expandir su libertad, novio-novia de una diosa que otorga esta locura, suspendido de una joya como los soles mismos. Ah, que yo acunara en mis brazos la criatura niño-niña reflejo de la diosa y luego la viera crecer, expandirse por los campos. Y que supiera entonces el lugar exacto donde está mi corazón.

LA EXNOVIA

Ápice del tiempo que ya es ido
en su piel, una esquela dulcísima y escrita
por la mano aún firme que acarició mi rostro,
su olor a fruta y labios
corregidos con extinto carmín
o un acercamiento de ligereza atroz
para salvarme,
para salvarte a ti de tus mentiras
—¿recuerdas la canción de Whitney Huston?—
y regresar a sensaciones fuertes
que nos hicieron como somos hoy:
amasijo después del huracán,
presión entre universos que no sabremos nunca
si existieron así porque el amor fue apenas
una mota de luz en lo inmenso del cosmos.
Cuba:
dos sílabas y el mismo sufrimiento,
mi taza de café tiembla a diario en las mañanas
cuando no puedo respirarte ni sentir
que haya podido hacer algo,
que existes más allá de once horas de avión
y un tiempo depravado
cuando feliz en tus ciudades
amasaba el deseo.

Mangle

Tuve varias historias bajo la égida del mangle.
De niño, en La Coloma,
el imperio feraz de raíces como cúpulas
hundidas en el fango oloroso a cangrejos
protegía del mundo:
manatíes, manjuaríes, corúas
y mantarrayas en la línea vegetal
de los manglares rotos una y otra vez
por los ciclones
con una persistencia que se torna fugaz
si atraviesas las sinuosas catedrales de mangle
estructuradas a un todo que avisté a los once años,
rumbo a Isla de Pinos, desde un avión soviético de lona.
Luego fueron los manglares adustos
de la desolación en la renuncia a Cuba
—y los cocodrilos de Puerto Esperanza—
un recuerdo en tono sepia
en el que caigo bajo el agua salobre,
abro los ojos y te veo
entre peces y raíces punzantes
elevar tus ojos claros, Jose, mira
las crías de flamenco, los nidos
de pájaros colgados en el aire
en esa interminable arquitectura vegetal.

Una tatagua dejó el polvo de sus alas
sobre ti, a la salida,
con tu ensarte de peces sobre el hombro,
desnudos entre hojas susurrantes
—él era mayor—
y el mangle exhaló su aliento
de vida y pudrición,
sus raíces curvadas con puntas como sables
que protegen el alma de especies invasoras
y curan mi cuerpo de aquel tiempo,
ágil por el miedo a la vida que bulle
en los confines de la costa inexistente
que limita el manglar.

A UNA GLORIA LITERARIA

Lucidez era el artículo de moda,
topiramato, ciclos
de esteroide mental
en el renacimiento de infames alegrías
y brevísimos besos.
Dónde hemos llegado mi ilusión y yo
ahora que somos casi viejos
casi felices como píldoras
abandonadas en un pastillero de plata.
Era allí sin afeites lo que quedaba
de aquella antigua gloria literaria,
en sus manos un devocionario comunista:
qué falta de ilusión, cariño mío,
cómo se agolpa la resaca de los años
cuando los años son el último recurso ante el dolor.
No escuchaba las palabras jóvenes,
nadie era joven ya ni en la fotografía
y aquella antigua dama
había muerto también por un golpe art noveau.
No supe más. Cerradas las jornadas mentales
corrimos entre diminutas marcas que alguno llamó Metas.
Eres el primero,
ya has llegado.

2. Empordà: jardines invisibles

[...] extraje toda la ayuda
que mi mano derecha pudiera aprovechar
de las algas cubiertas de arena
de lejanas literaturas.

Derek Walcott

Figueres

Llegan con sus dóciles almas
los días del verano a las higueras
y ese perfume abrupto
reduce la fiebre de los labios
y la aglomeración de palabras apenas susurradas
en la línea divisoria de las aguas,
el *bagnasciuga* como el horizonte
—palabras que no has de traducir porque apenas existen—
sobre ese olor freático y continuo
sentido al destapar una conserva dulce
cuando hundes la cucharilla
entre la carne mestiza del higo
y te deleita el sabor moreno de los brazos
tendidos sobre músculos perfectos
y tatuajes dedicados al sol
de una radiante higuera.

Especie pelágica

Un soplo de aliento en el cristal,
una estructura no humana por su humanidad
y dada al parentesco con estirpes galantes:
la sonrisa que dibuja la cara de Ariel.
En las planicies reflectantes de algún mundo
en que sólo habitamos la felicidad continua
del amor diario
en esa especie de cápsula de seda
que ha tejido sobre mí
he visto su existencia fascinante.
Ojo de mis ojos la mirada
que caiga sobre mí
a sostenerme en su manera errante
y esas manos que recuerdan
las del ruso estepario
reposen en mi cara sin pesar.
A esto,
alguna vez,
llamaré el sueño del árbol
de la humana e inasible felicidad.

Nikolai

El baby trajo un diseño súbito de joya tracia
de cosa griega envuelta en celofán eslavo.
Un escarabajo de cientos de colores guiaba su viaje a través
de edificios de hormigón, en Varna, y otros insectos que
habitan la línea divisoria de las aguas lo vieron salir del
Mar Negro como en una canción rusa.

Su alegría tiene los colores de los ojos de abuela,
de un patio sembrado de guanábanas en Cuba
y de aquellos montoncitos por donde respiraban
las criaturas de la tierra.

Alma,
que emprendes tu vuelo rasante sobre los humanos,
recuerda mis canciones en riberas lejanas,
en la tierra del mundo que quieran los dioses para ti.
Recuerda mis canciones.

Del cirio fúnebre a la llama incierta

Recuerdas, niño mío,
cuán hermosos fuimos
el verano de ese año?
No hubo una cala de la Costa Brava
que no supiera del amor,
aquel amor con canciones de Mane
y chocolate suizo
besos al amanecer entre higueras salvajes,
tomillo silvestre,
suspiros griegos inasibles
que el mar cubrió
y las drogas duras.
Θάλασσα, delfines esbozados
en el techo del cuarto decorado con papel
soviético de fotografía,
un destino tan cruel, dices aún de pie, desnudo.
Ni los dioses podrían igualarte,
ni la hoz y el martillo.
¿Recuerdas que extendías la mano
en medio de la noche
y yo te acariciaba
en un verso olvidado de Denise Levertov?
La luz que vimos una vez no era el sol,

era el suspiro último
de una estrella ya extinta.
Allí permanecemos:
cirios estelares,
huellas de los dioses
de un mundo que no fue.

IÓN DE QUÍOS (PMG444)

El indómito niño toro
y el joven que no lo era
junto al dulce servidor de amores de profundo sonido
y el vino
y los reyes
qué importancia tienen hoy,
querido Ión de Quíos,
cuando el céfiro agita las ondas en el mar de las islas
y sólo unos versos se conservan
de aquella que fue tu extensa obra
en un mundo donde ya no importan
la poesía ni el canto al dolor.

Paletas, albañiles

para Nicola Cirasola

De todos los años en España
si me preguntaran por el golpe de belleza
no sería el de una catedral
o alguno de esos pueblos perfectos
en la atrocidad del color.
En la otra mesa
mientras beben sol y sombra entre olivas amargas
los brazos de los paletas[1] son la perfecta
vía para llegar a comprender
la historia medieval,
sus gremios o el trashumar de los rebaños;
los brazos generosos que en su descomunal rudeza
agitan cualquier construcción intelectual
escenifican el paso de los días y los años
sumidos ellos mismos en el río de la eterna
belleza adonde iremos definitivamente todos a parar.

---

1 En Cataluña, el oficial de albañil que sale de aprendiz y aún no gana gajes de oficial.

BIG BOYS DON'T CRY

Seca esas dos o tres lagrimitas
y mira el mar sobre la Basílica.
Palabras a media voz acogerán
ese cuerpo mágico de niño urbano
arrepentido de todo y en constante
evolución hacia la materia inerte. Mira:
hay el regalo de la luz del sol de Barcelona,
este amanecer que es de Picasso
y un fondo de Pernod en la botella
que te conducirán
al súbito mejoramiento humano en la calle Maceo,
frente a la iglesia criolla que sí nos vio llorar
el descubrimiento verdadero del dolor.

Ciencia Ficción

La historia del dístico elegíaco
en la poesía latina
es la vulgarización del origen griego del verso.

Más triste tal vez sea
la traslación de significado:
ahora la llaman masificación,
entonces una pérdida
que alimentó el camino al *dolce stil nuovo,*
a Góngora,
al iPad —los viajes
ultralumínicos, la Gran Evasión.

Grecia a fin de cuentas no dejó
un legado perceptible sino trazas.

Sin título

Una lágrima de cuarzo:
no cemento,
no el huevo tórrido
del patio de Figueras
donde vi el ojo cíclico de Dalí,
la ruta turística y francesa que no profanó
el sueño surreal del pie de Gala,
su fino empeine ruso
    que hollaba el pensamiento catalán
en Montgrí, Pentélicos amados
por tantos otros hombres
que soñaron
este mismo sueño.

Los sábados las niñas comen pulpo

[La Habana, otoño del 2017]

La belleza individual de las niñas en La Habana
me involucra: es sábado y sé que saldrán
en manadas a los bares y penthouses
y comerán delicias como pulpo en cierta exótica ensalada
sólo avistada en sueños, piña,
acuarelas de Chartrand y lecturas inconexas
de poemas ingleses que carecen de límites
—Amalia es tan bella que yace sobre la frontera del fallecimiento—
y una criatura sobrenatural recorre El Malecón
en chevrolet-descapotable-rosa del 58,
Venus de trópicos imaginados más allá de la sal
en el momento efímero,
en la vibración de una campana colonial
o el roce de la lluvia,
cuando la palabra énfasis no significa
y todo recurso es pura delación.

Nada del tiempo aquel,
quién recuerda el año 91 ante la copa de daiquirí?
Esta es una Cuba nueva donde se paga en cucs
y uno ve a la niña en la escalera

llorar sin consuelo ante una pérdida
frente al mar que en realidad se ha tragado el horizonte
y no hay que pensar en eso porque no es buena idea,
el pensamiento político: una farsa.

He aquí el pulpo,
los triglicéridos inestables después de los cuarenta
y esa resignación en el área restringida al humano confort.
No regresar a eso, sólo disimular,
sólo amar a esas niñas frágiles,
seguras en su inseguridad, perfectas
con novios argentinos
reyes de la belleza musculada
y el wifi de pago de ETECSA en el parque
cuando cae la luz y uno piensa
qué país es este que no existió jamás,
qué exótica toxina tiene el marisco del Caribe
que hace a la gente hermosa
—una población eugenista—
ascender a diario a terrenos mentales
donde se desmelenan la hierba y los cultivos,
inexistentes lechugas y manadas de gatos
bajo la rica lluvia
a la que ya no pertenezco.

Antes del selfie

[ante el trabajo del pintor Federico Bencini]

Labios que marcan sobre seda un camino azul
que es una casa y luego un pájaro
antes que la mano caiga sobre la montaña
de un sexo erguido entre palomas
y nefastas anunciaciones que recuerdan
los días de lluvia y ciertos días
en que miro las catedrales y no pienso en el amor brutal,
amor de tipos que se destrozan a pinceladas
de colores imposibles bramados por la luna.
La danza se expande a composiciones inaudibles,
el discernimiento de retales cambia con los días
y el dolor de cada impresión como un picnic
directo a prados donde la naturaleza humana
son los brazos de Fede sobre la tela en una azotea medieval,
estoy pintando, dice, cada pieza intercambiable de la belleza,
la de Federico que pinta la belleza y que respira
un aire de belleza,
si retiras la belleza una capa de belleza estallará
y si limpias la belleza con un trapo y con lejía
un grupo de jóvenes desnudos entrará al lago
y aquel fragmento volador de organza
ocupará el espacio de tu vida

en la terraza de una casa inventada
una y otra vez dentro del cuadro, del dibujo, de la composición
de su cuerpo diminuto y esos labios
que hacen de cualquier fragmento un principio
y un final, un todo desquiciado que no puedo
dejar de mirar y al que me rindo.
Labios rojos y perfectos
en selfies que alertan de la nimiedad
del arte y la naturaleza humana,
quiero vuestro dibujo en los míos.

En Girona

Bajo el arco voltaico del cielo catalán
ante la judería
dijiste que el amor
era volver una y otra vez a la misma historia
y repetir la magia
de la saliva limpia y perfumada a menta
sobre órganos viriles
en la conformación de un todo
que estructuraras tú
y que ella aceptaría a pesar de los años,
a pesar del invierno último
y las cenizas del gato ocultas bajo tierra en el jardín.
Y no viste el río,
las casas coloridas
ni el instante
en que bajé mi mano por tu mano imaginaria
y te besé. Entonces
descubrí que estaba solo ante un vino blanco
y decadente como nuestra historia,
en un punto remoto de la frontera con Francia
a la caza de un pasado que no fue.

Minibolero

[Tania Castellanos]

Recordaré tu boca,
el sabor
a nectarina fresca en medio del invierno
y la única frase lúcida que pude articular:
no valen las palabras.
Luego un mensaje en otra lengua en medio de la noche:
can't sleep, canciones italianas
en un viaje a ningún sitio
y los pájaros:
mira su pulpa desmedida,
es el deseo.

Duchas frías

[Ignacio Cervantes]

Si le sigues el paso a la fila de notas
verás caer el agua de la danza
y de la danza pájaros
y el roce de la lluvia traería mercurio
—el líquido elemento—
que rozará tu cara y bajará hasta el piano.
Una fila de lámparas
marca la ruta tropical hacia la eternidad,
una fila de jóvenes que bajan la cabeza a tu paso
en noches urbanas que se vuelven días
y semanas confinado al dolor
y al sexo ocasional
con gente dada a la inercia del placer
como joyas reflectantes.
Entonces el piano en el piso vacío de El Born
y la danza de Cervantes en tus dedos
traen un olor a patio húmedo y enredaderas,
aquellos contrapuntos callejeros de La Habana
que entristecen el alma hasta el chorro final:
desnudos los dos en la azotea,
mil duchas frías en ese cuerpo único
que es la amalgama del amor.

UN TERRÓN DE MATERIA OSCURA

Años paseando mi belleza
entre hongos y caléndulas,
esas estrellas frías y marrones
como faros inertes que han marcado
lo inútil de una vida cebada con notas
de instrumentos irreales
—guitarras percutidas por plectros invisibles,
una flauta armenia en la noche—
o la belleza de un verso que se olvida a tiempo
y se salva de la cárcel del papel.
Cuánto tiempo perdido en sobrevivir
con la delicadeza de una nínfula en un salón de vidrio
para llegar a nada.

Las aves más felices
son las que no entran al bosque
y vuelan en sus lindes.

EN LA CINEMATECA

[en el recuerdo de una traducción infame al castellano de la poesía de Yank Kupala y Jakub Kolas]

Luz de antiguos proyectores
anclados a la niña del ojo del amante
rubio por costumbre —se llamó Sasha,
se llamó Kolia y cenamos
frágiles manzanas y compota búlgara de peras—.
La nuestra es una historia de amantes
que no se encuentran nunca
fuera de la sustancia del cine en la pared,
una emulsión soviética que impregna cartulinas
y cuadernos de música cuando interpreto Octubre
y Tchaikovski son sus labios
recorriendo mi cuello frente al absurdo piano
del tabloncillo en la escuela elemental de ballet.
Días de extraña poesía que llegaba del este,
bielorrusas palabras y palabras errantes
para esconder una verdad que estallaría años después.
En tus amables gestos, niño mío,
se condensa el simbolismo de aquellas películas
que hoy intentamos ver en esta sala moderna
donde no hay marca sovexportfilm
y Nikita Mijalkov es sólo un póster al fondo del pasillo

donde nos abrazamos a oscuras —esto sí es igual—
y dices que me quieres.

VENTANA DE HOSPITAL

Había esto allí:
un halo plateado y la luna,
europea,
en medio.
Lo irremediable.
Doce metros rozando
—con la pierna—
el pavimento gris.
Luego más luces blancas y un túnel,
rostros.

Gaudí. De repente era aquello.

Vi el hilo lunar y oí el tin tin
de rosas ortopédicas:
nunca estuve tan solo.
No eran lobos tan bellos animales,
no eran zorros blancos
ni estaba en Polonia.

Era feliz.

Rosa de Francia

Una cola de sirena, un surtidor, minúsculas esferas de luz sobre la tierra: sus brazos un encanto. Cenamos a la antigua usanza, ella habló de toreros y yo de historias de toros. Lanzábamos minúsculas migajas de pastel al agua. No habíamos pedido nada, tuvimos absolutamente todo lo que es posible desear, un amor deshecho y una larga vida trunca. Ella alzó su brazo y las pulseras tintinearon —el oro sobre la piel de un blanco equidistante—. Mon cherie, dijo y luego citó algo de Lacan, menuda cosa. Los surtidores y la luz de la luna me vuelven a esa noche, un cadáver putrefacto entre ella y yo. Quería salir a cabalgar la playa, quería escribir una novela de amor, quería pronunciar la palabra corazón sin sentir asco. Las horas se ordenaron ante mí y dije adiós, una larga despedida.

A veces la veo arrastrar entre las dunas, como Antígona, los hermosos surtidores de su dolor.

Pinocchio

Trajo una postal:
olivos y frágiles naranjos,
las Hespérides rodaron de sus brazos.
Voy a partir, había dicho
sentado en la cubierta del Ferry de Mallorca,
reflejos matutinos en su cara
y el canto en la memoria de los búhos de mar.
No sé vivir en tierra firme,
necesito una isla.
Aquí acaba la tierra y comienza
el reino de los dioses.
Mi piccolo volatinero:
tanta belleza aflige,
donde yazgo perdí la voz.
Lábiles,
los días serán tenues y pausados,
tu inclinarás
como antes
los hombros hacia mí.

La flor de Mariano Brull

La rosa, su concepto, no es la rosa de Brull.

Mirábamos el mar, el niño lanzó al agua un disco de colores, de repente sonó la sirena de un barco: nada vivía allí. La rosa tiene extensos mecanismos brillantes, su imagen —cuando existe— podría aniquilar. La rosa que mata no es la rosa de Brull. El disco de colores, en el aire, giró solo un instante. Sonreímos y el niño sonreía. Los poetas de Francia, escuché, perecieron al concepto de la flor. La flor como retablo, con mástiles de bronce y cinco guillotinas en el centro, hizo rodar la cabeza de Verlaine, de Lamartine, de Tristan Tzara. Pero él no poseía la imagen de esa flor, el niño nos miraba.

Esa tarde pasó como otra tarde más, pensé en Mariano Brull y dormimos abrazados. Ahora, mientras lo recuerdo, siento alrededor de mi cabeza los tentáculos mortíferos de la flor.

Ay, Borges

La adoración a Cristo,
que nunca me fue dada,
las pautas de la Fe
en un Dios, cualquiera,
o ese recogimiento que precede a la palabra culpa
me separan de ti.
Primavera en La Plana
y un montón de amapolas silvestres detuvieron el tren,
campos de Catalunya bien soleados al tacto de una mañana
inútil:
cualquier verso me salva,
más que lebrel, ligero y dividido
el lent record
dels dies
que són passats per sempre
y será sobre mí, como tu verbo, aquel silencio.

Es La Misa del Gallo en Barcelona,
siento el olor a mar en las campanas de la iglesia gótica
y el olor de este mundo tranquilo y misterioso como el día
que entramos por primera vez a un aula
y vimos los pupitres, la pizarra verde y la foto del Che.
Olor de abecedario y palabras propensas
a despertar recuerdos que no son tuyos ni míos,

una amalgama, un cierzo,
las frases italianas
que puedo repetir porque siento ya mías
tan leves y perennes.

Qué será de Petrarca en estos días
o qué será de Novalis,
qué del poema que escribí en otro tiempo
—un poema sincero, yo pensaba,
un instante en la historia de Cuba
y su dolor.

Little bird

Para Lexis y Mónica

El pequeño pájaro voló hacia el vidrio
sin atender
la fragilidad del ala
y ese miedo a querer salir y chocar
una y otra vez
contra algo que no se ha vivido
volando sobre el monte que devastó el incendio
hacia el tiempo donde espera el pájaro hembra.
Lo he visto entrar al cuarto de los niños
como un vuelco,
como cuando alguien dice las palabras velatorio,
infarto, como el corazón de Carlos,
el de Andrés latiendo junto a mí en el agua.

Ha volado de estancia en estancia
sin comprender
ese estado de transparencia que llamamos vidrio
hasta que el choque frontal lo dejó en mi mano.
Lo arropo en el chal rojo de Mónica y salgo a la terraza:
su vida bullirá un segundo entre mis dedos
antes del vertiginoso arranque hacia los montes
al otro lado del pueblo, al otro lado del mar,

hacia algún campanario abandonado
con su ala gris oscura sobre mí
rumbo a algún nido que llamaremos casa.

MIGNON

Sería la daga de un rey griego,
alguno de esos tesoros con singulares joyas
y espadas unidas ya a la piedra,
sería un príncipe que transita El Lido
para voltear su cabeza amada por los dioses
y mirarme al pasar.
La espera de los años va en la fotografía:
pantalones de lana inglesa a cuadros,
una chaqueta oscura y dos amigas
como soles gemelos custodiando.

El Rey al centro.

El ascenso a la nada en los días que vendrán
varados a la sombra de poemas en farsi,
de versos rusos,
del poema infinito escrito sobre el cuerpo
que fue el viaje al Oriente de mi cuerpo.

Mi rey agita un noble músculo
y la espesa neblina deja paso
a las cosas comunes que ahora nos rodean.
No basta ese olor a rosa antigua,
la noción de silencio y tanta noche vacua

en aviones que atraviesan los continentes todos.
Un pájaro que no conoce
sigue siendo el dolor.
Un minúsculo gato blanco y negro
se frotará sobre su pie descalzo
y el tiempo no habrá pasado para él
y el príncipe entonces
extenderá otra vez los brazos hacia mí.

Una de esas

Desde hace años
sueño con haber tenido
una de esas vidas limpias,
vida no sexual sin tóxicos,
sin sustancia apenas terrenal
que indique algún desvío,
un amor que pasó o formas que impusieron
desde la niñez, como fantasmas,
fatídicas ideas.

Una de esas vidas como los santos:
vida mía que escapó
líquida entre estrellas
cuya luz no será sobre mi rostro
el recuerdo feliz de alguna cosa pura.

Escribí este libro entre 2006 y 2026, cuando el feraz Puerto de La Coloma y la playa Las Canas, en el sur occidental de la isla de Cuba, comenzaron a ser la costa del pueblo de La Escala, en L'Empordà, provincia de Girona, Cataluña.

José Félix León

Catálogo Bokeh

Abreu, Juan (2017): *El pájaro*. Leiden: Bokeh.
Aguilera, Carlos A. (2016): *Asia Menor*. Leiden: Bokeh.
— (2017): *Teoría del alma china*. Leiden: Bokeh.
Aguilera, Carlos A. & Morejón Arnaiz, Idalia (eds.) (2017): *Escenas del yo flotante. Cuba: escrituras autobiográficas*. Leiden: Bokeh.
Alabau, Magali (2017): *Ir y venir. Poesía reunida 1986-2016*. Leiden: Bokeh.
— (2019): *Mordazas*. Leiden: Bokeh.
Alcides, Rafael (2016): *Nadie*. Leiden: Bokeh.
Andrade, Orlando (2015): *La diáspora (2984)*. Leiden: Bokeh.
Armand, Octavio (2016): *Concierto para delinquir*. Leiden: Bokeh.
— (2016): *Horizontes de juguete*. Leiden: Bokeh.
— (2016): *origami*. Leiden: Bokeh.
Aroche, Rito Ramón (2016): *Límites de alcanía*. Leiden: Bokeh.
Atencio, Caridad (2018): *Desplazamiento al margen*. Leiden: Bokeh.
Ávila Villamar, Carlos (2025): *Nueve ficciones*. Gainesville: Bokeh.
— (2025): *Las noches boreales*. Gainesville: Bokeh.
Barquet, Jesús J. (2018): *Aguja de diversos*. Leiden: Bokeh.
Blanco, María Elena (2016): *Botín. Antología personal 1986-2016*. Leiden: Bokeh.
Blavi, Camila (2025): *Puna*. Gainesville: Bokeh.
Caballero, Atilio (2016): *Rosso lombardo*. Leiden: Bokeh.
— (2018): *Luz de gas*. Leiden: Bokeh.
Calderón, Damaris (2017): *Entresijo*. Leiden: Bokeh.
Castaños, Diana (2019): *Yo sé por qué bala la oveja mansa*. Leiden: Bokeh.
— (2019): *The Price of Being Young*. Leiden: Bokeh.
Cataño, José Carlos (2019): *El cónsul del Mar del Norte*. Leiden: Bokeh.

CINO, Luis (2022): *Volver a hablar con Nelson*. Leiden: Bokeh.

CLEGER, Osvaldo (2026): *Yuma*. Gainesville: Bokeh.

CONTE, Rafael & CAPMANY, José M. (2019): *Guerra de razas. Negros contra blancos en Cuba*. Leiden: Bokeh | colección Mal de archivo.

DÍAZ DE VILLEGAS, Néstor (2015): *Buscar la lengua. Poesía reunida 1975-2015*. Leiden: Bokeh.

— (2015): *Cubano, demasiado cubano. Escritos de transvaloración cultural*. Leiden: Bokeh.

— (2017): *Sabbat Gigante. Libro primero: Hojas de Rábano*. Leiden: Bokeh.

— (2018): *Sabbat Gigante. Libro segundo: Saigón*. Leiden: Bokeh.

ESPINOSA, Lizette (2019): *Humo*. Leiden: Bokeh.

FERNÁNDEZ, María Cristina (2025): *En el nombre de la rusa*. Gainesville: Bokeh.

FERNÁNDEZ LARREA, Abel (2015): *Buenos días, Sarajevo*. Leiden: Bokeh.

— (2015): *El fin de la inocencia*. Leiden: Bokeh.

FERRER, Jorge (2016): *Minimal Bildung. Veintinueve escenas para una novela sobre la inercia y el olvido*. Leiden: Bokeh.

GALINDO, Moisés (2019). *Catarsis*. Leiden: Bokeh.

GARBATZKY, Irina (2016): *Casa en el agua*. Leiden: Bokeh.

GARCÍA, Gelsys (2016): *La Revolución y sus perros*. Leiden: Bokeh.

GARCÍA, Gelsys (ed.) (2017): *Anuncia Freud a María. Cartografía bíblica del teatro cubano*. Leiden: Bokeh.

GARCÍA OBREGÓN, Omar (2018): *Fronteras: ¿el azar infinito?* Leiden: Bokeh.

— (2025): *66 décimas para cuerdas migratorias*. Gainesville: Bokeh.

GARRANDÉS, Alberto (2015): *Las nubes en el agua*. Leiden: Bokeh.

GINORIS, Gino (2018): *Yale*. Leiden. Bokeh.

GÓMEZ CASTELLANO, Irene (2015): *Natación*. Leiden: Bokeh.

GUERRA, Germán (2017): *Nadie ante el espejo*. Leiden: Bokeh.

GUTIÉRREZ COTO, Amauri (2017): *A las puertas de Esmirna*. Leiden: Bokeh.

HERNÁNDEZ BUSTO, Ernesto (2016): *La sombra en el espejo. Versiones japonesas*. Leiden: Bokeh.
— (2016): *Muda*. Leiden: Bokeh.
— (2017): *Inventario de saldos. Ensayos cubanos*. Leiden: Bokeh.
HERRERA, Alcides (2022): *Canciones iguales*. Leiden: Bokeh.
HERRERA, José María (2025): *La musa política*. Gainesville: Bokeh.
HONDAL, Ramón (2019): *Scratch*. Leiden: Bokeh.
— (2020): *La caja*. Leiden: Bokeh
HURTADO, Orestes (2016): *El placer y el sereno*. Leiden: Bokeh.
INGUANZO, Rosie (2018): *La Habana sentimental*. Leiden: Bokeh.
JESÚS, Pedro de (2017): *La vida apenas*. Leiden: Bokeh.
LAGE, Jorge Enrique (2015): *Vultureffect*. Leiden: Bokeh.
LAMAR SCHWEYER, Alberto (2018): *Ensayos sobre poética y política. Edición y prólogo de Gerardo Muñoz*. Leiden: Bokeh | colección Mal de archivo.
LUKIĆ, Neva (2018): *Endless Endings*. Leiden: Bokeh.
MARQUÉS DE ARMAS, Pedro (2015): *Óbitos*. Leiden: Bokeh.
MIRANDA, Michael H. (2017): *Asilo en Brazos Valley*. Leiden: Bokeh.
— (2026): *Deserta*. Gainesville: Bokeh.
MORALES, Osdany (2015): *El pasado es un pueblo solitario*. Leiden: Bokeh.
— (2018): *Zozobra*. Leiden: Bokeh.
— (2023): *Lengua materna*. Leiden: Bokeh.
PADILLA, Damián (2016): *Phana*. Leiden: Bokeh.
PEREIRA, Manuel (2015): *Insolación*. Leiden: Bokeh.
PÉREZ, César (2024): *La capital del sol. Tragicomedia en tres actos*. Leiden: Bokeh.
PÉREZ CINO, Waldo (2015): *Aledaños de partida*. Leiden: Bokeh.
— (2015): *El amolador*. Leiden: Bokeh.
— (2015): *La isla y la tribu*. Leiden: Bokeh.
— (2026): *Franja de agüero*. Leiden: Bokeh.
PONTE, Antonio José (2017): *Cuentos de todas partes del Imperio*. Leiden: Bokeh.
— (2018): *Contrabando de sombras*. Leiden: Bokeh.

PORTELA, Ena Lucía (2016): *El pájaro: pincel y tinta china*. Leiden: Bokeh.
— (2016): *La sombra del caminante*. Leiden: Bokeh.
— (2020): *Cien botellas en una pared*. Leiden: Bokeh.
QUINTERO HERENCIA, Juan Carlos (2016): *El cuerpo del milagro*. Leiden: Bokeh.
RIBALTA, Aleisa (2018): *Talús / Talud*. Leiden: Bokeh.
RODRÍGUEZ, Reina María (2016): *El piano*. Leiden: Bokeh.
— (2018): *Poemas de navidad*. Leiden: Bokeh.
SAAB, Jorge (2019): *La zorra y el tiempo*. Leiden: Bokeh.
SALCEDO MASPONS, Jorge (2025): *Memoria de eso*. Gainesville: Bokeh.
SÁNCHEZ MEJÍAS, Rolando (2016): *Mecánica celeste. Cálculo de lindes 1986-2015*. Leiden: Bokeh.
SAUNDERS, Rogelio (2016): *Crónica del decimotercero*. Leiden: Bokeh.
STARKE, Úrsula (2016): *Prótesis. Escrituras 2007-2015*. Leiden: Bokeh.
TIMMER, Nanne (2018): *Logopedia*. Leiden: Bokeh.
VALDÉS ZAMORA, Armando (2017): *La siesta de los dioses*. Leiden: Bokeh.
VALENCIA, Marelys (2021): *Peregrinaje en tres lapsos | Pilgrimage in Three Lapses*. Leiden: Bokeh.
— (2023): *Santuario de narcisos en ayunas | Sanctuary of Fasting Daffodils*. Traducción de Peter Nadler. Leiden: Bokeh.
VEGA SEROVA, Anna Lidia (2018): *Anima fatua*. Leiden: Bokeh.
VILLAVERDE, Fernando (2016): *La irresistible caída del muro de Berlín*. Leiden: Bokeh.
— (2016): *Los labios pintados de Diderot*. Leiden: Bokeh.
WILLIAMS, Ramón (2019): *A dónde*. Leiden: Bokeh.
WITTNER, Laura (2016): *Jueves, noche. Antología personal 1996-2016*. Leiden: Bokeh.
ZEQUEIRA, Rafael (2017): *El winchester de Durero*. Leiden: Bokeh.
— (2020): *El palmar de los locos*. Leiden: Bokeh.

www.ingramcontent.com/pod-product-compliance
Lightning Source LLC
LaVergne TN
LVHW051020080826
845145LV00009B/2727